ANDREA SCHLOSSHAN

EINFÜHRUNG
IN DAS WISSENSCHAFTLICHE ARBEITEN
FÜR DAS STUDIUM DER SPORTWISSENSCHAFT

# SPORTWISSENSCHAFTLICHE STUDIEN

Band 1

Andrea Schlosshan

# Einführung in das wissenschaftliche Arbeiten für das Studium der Sportwissenschaft

**Praktische Anleitung für die Literaturrecherche**

Verlag Axel Schönberger
Frankfurt am Main 1990
ISBN 3-927884-01-4
ISSN 0937-5643

**Andrea Schlosshan,** Jahrgang 1963, Diplom-Sportwissenschaftlerin, promoviert zur Zeit an der Johann Wolfgang Goethe-Universität in Frankfurt am Main mit einem Stipendium der Studienstiftung des deutschen Volkes über «Sport und Apartheid: Geschichte und Probleme des schwarzen Sports in der Republik Südafrika». Verschiedene Veröffentlichungen in Fachzeitschriften.

CIP-Titelaufnahme der Deutschen Bibliothek:

**Schlosshan, Andrea:**
Einführung in das wissenschaftliche Arbeiten für das Studium der Sportwissenschaft: praktische Anleitung für die Literaturrecherche / Andrea Schlosshan. - 1. Aufl. - Frankfurt am Main: Schönberger, 1990
  (Sportwissenschaftliche Studien; Bd. 1)
  ISBN 3-927884-01-4
NE: GT

1. Auflage 1990
© Copyright 1990 Verlag Axel Schönberger
Alle Rechte vorbehalten
Verlag Axel Schönberger, Mahräckerstraße 1, 6000 Frankfurt/Main 50
ISBN 3-927884-01-4
ISSN 0937-5643
Das Werk einschließlich aller seiner Teile ist urheberrechtlich geschützt. Jede Verwertung außerhalb der engen Grenzen des Urheberrechtsgesetzes ist ohne Zustimmung des Verlages unzulässig und strafbar. Das gilt insbesondere für Vervielfältigungen, Übersetzungen, Microverfilmungen und die Einspeicherung und Verarbeitung in elektronischen Systemen.

# Inhaltsverzeichnis

Einleitung . . . . . . . . . . . . . . . . . . . . . . . . . . . 7

1. Gestaltung des Manuskripts . . . . . . . . . . . . . . . . . 11
   1. 1. Sachliche Gliederung . . . . . . . . . . . . . . . 12
       1. 1. 1.   Titel . . . . . . . . . . . . . . . . . . . . . 12
       1. 1. 2.   Widmung, Geleitwort, Motto . . . . . 12
       1. 1. 3.   Vorwort . . . . . . . . . . . . . . . . . . . 13
       1. 1. 4.   Inhaltsverzeichnis . . . . . . . . . . . . 13
       1. 1. 5.   Abkürzungsverzeichnis . . . . . . . . 13
       1. 1. 6.   Einleitung . . . . . . . . . . . . . . . . . . 14
       1. 1. 7.   Hauptteil . . . . . . . . . . . . . . . . . . 14
       1. 1. 8.   Schlußteil . . . . . . . . . . . . . . . . . . 14
       1. 1. 9.   Anhang . . . . . . . . . . . . . . . . . . . 15
       1. 1. 10. Literaturverzeichnis . . . . . . . . . . . 15
       1. 1. 11. Zitate . . . . . . . . . . . . . . . . . . . . . 16
       1. 1. 12. Fußnoten . . . . . . . . . . . . . . . . . . 17
   1. 2. Formen der bibliographischen Erfassung . . . 18

2. Die bibliographische Angabe . . . . . . . . . . . . . . . . 21

3. Allgemeine Grundsätze der Recherche . . . . . . . . . . 27

4. Bestandserschließung der Bibliotheken . . . . . . . . . . 29

5. Verschiedene Träger bibliographischer
   Verzeichnisse . . . . . . . . . . . . . . . . . . . . . . . . . 31

6. Bibliographien der Bibliographien . . . . . . . . . . . . . 35

7. Bibliographien der Fachbibliographien . . . . . . . . . . . 39

8. Fachbibliographien . . . . . . . . . . . . . . . . . . . . . . 41

9. Weitere bibliographische Hilfsmittel . . . . . . . . . . . . 53
   9. 1. Nationalbibliographien . . . . . . . . . . . . . . . . 53
   9. 2. Bibliotheks-, Gesamt-, Zentralkataloge . . . . . 56
   9. 3. Sportspezifische Enzyklopädien und Lexika . 57
   9. 4. Hochschulschriftenverzeichnisse . . . . . . . . . 59
   9. 5. Buchhandels- und Verlagsverzeichnisse . . . 62
   9. 6. Indices . . . . . . . . . . . . . . . . . . . . . . . . . . 63
   9. 7. Zeitschriftenbibliographien und
          Rezensionen . . . . . . . . . . . . . . . . . . . . 63
   9. 8. Kongreß- und Festschriften . . . . . . . . . . . . 66
   9. 9. Zeitungsbibliographien . . . . . . . . . . . . . . . 69

10. Computerrecherchen . . . . . . . . . . . . . . . . . . . . 71

11. Anmerkungen zum Fernleihsystem . . . . . . . . . . . 73

12. Schlußbemerkungen . . . . . . . . . . . . . . . . . . . . 77

# Einleitung

Im Vergleich zu anderen Wissenschaften ist die «Sportwissenschaft» eine relativ junge Disziplin, die sich erst seit Beginn des 20. Jahrhunderts entwickelte. Lange wurde der Wissenschaftscharakter der Sportwissenschaft in Frage gestellt, so daß sie als den etablierten Wissenschaften nicht ebenbürtig angesehen wurde. Obwohl dieses Thema noch immer einen aktuellen Streitpunkt liefert, wurde der heutigen Sportwissenschaft (damals Leibeserziehung bzw. Leibesübung) spätestens seit der Gründung des «Bundesinstituts für Sportwissenschaft» (1970) eine gewisse Wissenschaftlichkeit zugestanden.

Dennoch nimmt die wissenschaftliche Ausbildung im Studiengang «Sportwissenschaft» im Vergleich zu anderen Studienfächern einen relativ geringen Raum ein. Wissenschaftliches Arbeiten wird kaum geübt, es sei denn, daß der einzelne Student anhand eines Referates oder einer schriftlichen Hausarbeit das eine oder andere Detail erklärt bekommt.

Gleichwohl ist aber zum ordnungsgemäßen Abschluß des Studiums die Abfassung einer Diplom-, Magister oder Staatsexamensarbeit erforderlich. Was in acht oder mehr Studiensemestern nicht oder kaum erlernt wurde, muß dann von den meisten Studenten im Schnelldurchgang und noch unter Prüfungsstreß nachgeholt werden. Aus diesem Grund ist es sinnvoll, möglichst früh mit den zu Beginn oft kleinkariert erscheinenden Rahmenrichtlinien des wissenschaftlichen Arbeitens vertraut zu werden. Ihr Sinn und Zweck erschließt sich dem Anfänger erst im Laufe der Arbeiten durch die Anwendung in der Praxis.

Eine Arbeit mit wissenschaftlichem Anspruch sollte zu spezifisch neuen Erkenntnissen führen und den Kriterien der Nachprüfbarkeit und Nachvollziehbarkeit genügen. Bevor man also mit einer Examensarbeit beginnt, sollte man sich unbedingt mit den wissenschaftlichen Formalitäten auseinandersetzen; andernfalls läuft man Gefahr, am Kriterium der Wissenschaftlichkeit zu scheitern oder aber eine schlechtere Note erteilt zu bekommen.

Wenn man daher ein bestimmtes Thema bearbeiten will, ist es unumgänglich, vorher Nachforschungen anzustellen, was bereits zu diesem Thema an Literatur existiert. Unter Umständen könnte der gewählte Aspekt ja bereits an anderer Stelle erschöpfend bearbeitet worden sein.

Sodann muß man die recherchierte Literatur beschaffen, auswerten und gegebenenfalls unter jeweils genauer Stellenangabe in seine Arbeit einbeziehen, falls dies notwendig sein sollte. Die Belegstellen für Zitate sowie prinzipiell jeder Verweis auf andere Schriften sollten so exakt sein, daß jeder Leser die genaue Stelle ohne große Mühe finden und einsehen kann.

Wie man nun unter Nutzung verschiedener Allgemeinbibliographien und Fachbibliographien die für die verschiedensten sportwissenschaftlichen Themenstellungen relevante Literatur ohne großen Zeitverlust möglichst vollständig recherchiert, ist vielen Sportstudenten auch über das Abschlußexamen hinaus ein Rätsel. Oft genug werden Examensarbeiten nach dem Zufallsprinzip oder nach dem Schneeballsystem - man wertet die Literaturverzeichnisse aller Schriften, welche der die Arbeit betreuende Professor empfohlen hat, aus, beschafft die entsprechenden Titel, sieht wiederum deren Bibliographien durch usw. - verfaßt, obwohl ein solch chaotischer Arbeitsstil nicht nur einen erheblichen Zeitverlust mit sich bringen kann, sondern auch nur selten dazu geeignet ist, die relevante Literatur vollständig zu erfassen.

Die vorliegende Schrift gibt einen kurzen Überblick über die Erstellung einer wissenschaftlichen Arbeit sowie über die ersten Schritte der Literaturrecherche für Examenskandidaten. Es handelt sich nicht um eine Einführung in die Methodik der wissenschaftlichen Arbeit. Diesbezüglich sei beispielsweise auf die Bücher von E. Standop[*] und K. Poenicke[**] verwiesen.

---

[*] Ewald Standop: *Die Form der wissenschaftlichen Arbeit*, Heidelberg: Quelle & Meyer, 1984 (UTB für Wissenschaft: Uni-Taschenbücher; 272), ISBN 3-494-02022-1.

[**] Klaus Poenicke: *Wie verfaßt man wissenschaftliche Arbeiten: ein Leitfaden vom 1. Studiensemester bis zur Promotion*, Mannheim; Wien; Zürich: Dudenverlag, $^2$1988 (Duden-Taschenbücher; Bd 21), ISBN 3-411-02751-7.

Herrn Prof. Dr. Gerd Hortleder (Frankfurt am Main) danke ich für die kritische Durchsicht des Manuskripts und Anregungen.

Frankfurt am Main, im März 1990
*Andrea Schlosshan*

# 1. Gestaltung des Manuskripts

Selbstverständlich hängt die Gestaltung des Manuskripts von der Art und Weise der anzufertigenden Arbeit ab. So bedürfen beispielsweise Sitzungsprotokolle, Referate, Seminararbeiten, Zeitschriftenaufsätze, Literaturberichte und wissenschaftliche Monographien (Dissertationen, Habilitationsschriften) ganz unterschiedlicher Überlegungen in der Planung und Durchführung. Auf diese Unterschiede soll im folgenden jedoch nicht im einzelnen eingegangen werden. Auch hier sei auf die Funktionsbeschreibungen der verschiedenen Textsorten in dem von K. Poenicke verfaßten Leitfaden zum wissenschaftlichen Arbeiten verwiesen (siehe S. 9).

Die nachfolgenden Vorschläge beziehen sich in erster Linie auf die Erstellung umfangreicherer Prüfungsarbeiten wie Diplom-, Magister-, Staatsexamensarbeiten und Dissertationen. Generell handelt es sich hierbei um Arbeiten, die in einem bestimmten Zeitraum anzufertigen sind und - mit Ausnahme der Dissertationen - nicht zur Veröffentlichung bestimmt sind. Während Diplom-, Magister-, und Staatsexamensarbeiten nicht unbedingt einen eigenständigen Forschungsbeitrag darstellen müssen, stellt eine Dissertation den Anspruch auf eine ursprüngliche, eigenständige Auseinandersetzung mit der jeweiligen Thematik. Der Umfang einer jeden Arbeit kann je nach Fachgebiet und Prüfungsanforderungen erheblich variieren.

## 1. 1. Sachliche Gliederung

### 1. 1. 1. Titel

Der Titel einer wissenschaftlichen Arbeit wird auf eine gesonderte Seite geschrieben und in der Mitte der Seite zentriert. Die Titelseite umfaßt in der Regel den vollständigen Titel der Arbeit (gegebenenfalls mit Untertitel), den Charakter der Arbeit (Magisterarbeit, Diplomarbeit, Staatsexamensarbeit, Inauguraldissertation zur Erlangung der Doktorwürde), den Adressaten der Arbeit (z. B. «Vorgelegt beim Institut für Sportwissenschaften der Universität Frankfurt»), den Verfasser sowie Ort und Jahr oder Datum.

### 1. 1. 2. Widmung, Geleitwort, Motto

Eine Widmung, ein Geleitwort oder ein Motto sind bei einer wissenschaftlichen Arbeit nicht unbedingt notwendig, werden jedoch besonders bei umfangreicheren Arbeiten gerne vor das Vorwort gesetzt, um dem Autor einige persönliche Bemerkungen, beispielsweise eine Danksagung, einzuräumen. Als Motto einer Arbeit werden häufig Zitate oder Sprichworte verwandt. Bei der Verwendung von fremdsprachigen Zitaten sollte man berücksichtigen, daß wahrscheinlich nicht jeder Leser französische oder lateinische Zitate ohne Übersetzung versteht.

### 1. 1. 3. Vorwort

Vorwort und Einleitung werden oft verwechselt. Im Gegensatz zur Einleitung gehört das Vorwort nicht unmittelbar zur Arbeit. In diesem hat der Autor Gelegenheit, über eventuelle Schwierigkeiten beim Erstellen der Arbeit bzw. Sinn und Zweck oder Absicht derselben zu berichten; es informiert den Leser über die persönlichen Erfahrungen des Autors, bezieht sich jedoch nicht direkt auf das Thema der Arbeit.

### 1. 1. 4. Inhaltsverzeichnis

Das Inhaltsverzeichnis listet sämtliche ihm folgende Gliederungsteile systematisch auf. Es muß übersichtlich angelegt sein und in einem angemessenem Verhältnis zu Anspruch und Umfang des Textes stehen. Ein Inhaltsverzeichnis sollte mit Rücksicht auf den Leser in keinem Fall fehlen. Über die unterschiedlichen Gliederungstechniken teilen sich die Ansichten; sie sollten jedenfalls dem Charakter der Arbeit entsprechen und am besten mit dem jeweiligen Hochschullehrer abgesprochen werden.

### 1. 1. 5. Abkürzungsverzeichnis

Alle Abkürzungen, die über den üblichen Sprachgebrauch hinausgehen, müssen dem Leser erklärt werden. Es ist daher sinnvoll, das Abkürzungsverzeichnis an den Anfang und nicht an das Ende des Textes zu stellen. Abkürzungen sind dann gebräuchlich, wenn beispielsweise eine

Quelle im Text ständig zitiert wird oder häufig wiederkehrende Begriffe den Lesefluß beeinträchtigen. Dennoch ist es empfehlenswert, auf all zu viele Abkürzungen zu verzichten, um damit der Gefahr einer teilweisen Unverständlichkeit des Textes vorzubeugen.

### 1. 1. 6. Einleitung

Im Gegensatz zum Vorwort bezieht sich die Einleitung unmittelbar auf die Arbeit. Im allgemeinen bedarf eine Arbeit nicht unbedingt einer förmlichen Einleitung, diese eröffnet dem Autor jedoch die Möglichkeit, ein paar einleitende Sätze über seine Methodik, Zielsetzung und Kriterien bei der Materialauswahl sowie über den Stand der Forschung zu berichten. Bei der Abfassung einer Dissertation kann man auch einen ausführlichen Forschungsbericht in Form eines eigenen Kapitels erwägen.

### 1. 1. 7. Hauptteil

Der Hauptteil setzt sich mit dem Thema der Arbeit auseinander und überprüft die gegebenenfalls in der Einleitung vorgestellten Arbeitshypothesen. Je nach Art der Arbeit wird die Argumentation entweder auf Experimente, Interviews, Berechnungen oder Literaturquellen gestützt.

### 1. 1. 8. Schlußteil

Der Schlußteil (auch Schlußbetrachtung, Zusammenfassung oder Ausblick genannt) ist wie die Einleitung nicht obligatorisch. In ihm werden die wichtigsten Ergebnisse der Arbeit zusammengefaßt bzw. ein wertender Ausblick zum Thema formuliert.

### 1. 1. 9. Anhang

Im Anhang können ergänzende Materialien wie Tabellen, Statistiken sowie wichtige Belegstellen angefügt werden. Dies gilt auch für Exkurse, die nicht unmittelbar dem Thema der Arbeit entsprechen, dieses jedoch zusätzlich veranschaulichen. Sollte der Anhang im Vergleich zur Anlage der Arbeit zu umfangreich ausfallen - etwa infolge einer notwendigen Materialsammlung von Dokumenten, die nicht öffentlich zugänglich sind -, so empfiehlt sich eine gesonderte Zusammenfassung. Allerdings sollte man davon absehen, unbedingt viel Material in den Anhang aufzunehmen, da sich dies unter Umständen als belanglos und im Rahmen der Argumentation als unbrauchbar erweisen könnte. Jedes in den Anhang aufgenommene Dokument sollte in einem sinnvollen Zusammenhang zu den Ausführungen der Arbeit stehen.

### 1. 1. 10. Literaturverzeichnis

Im Literaturverzeichnis, auch Bibliographie genannt, werden sämtliche im Text bearbeitete Quellen aufgelistet. Dies gilt sowohl für primäre wie auch sekundäre Quellen. Aufgeführt werden sollten daher alle Werke, die der Verfasser wirklich eingesehen hat, sowie solche, die in unmittelbarer Relation zum Thema stehen. Der Übersichtlichkeit halber wird eine Bibliographie in der Regel alphabetisch angeordnet, kann jedoch auch unter Umständen nach den Erscheinungsjahren oder Veröffentlichungssprachen (mit weiterer alphabetischer Untergliederung) angelegt werden. Bei umfangreichen Literaturangaben empfiehlt sich eine weitere Untergliederung der Quellen beispielsweise nach Primär- und Sekundärquellen oder generell eine thematische Gliederung.

### 1. 1. 11. Zitate

Mit Zitaten belegt man entweder Fakten oder Meinungen anderer Autoren, z. B. um eigene Hypothesen oder Theorien zu entwickeln oder zu unterstützen. Bei einem Zitat ist darauf zu achten, daß es als solches erkennbar ist, belegt wird und der Vorlage bis ins kleinste Detail entspricht.

Während man kürzere Zitate in Anführungszeichen setzt, empfiehlt es sich, längere Zitate nach rechts oder von beiden Seiten einzurücken und engzeilig zu schreiben; Besitzer eines Textverarbeitungsprogramms können hierfür auch eine um zwei Punkt kleinere Schrifttype wählen. Enthält der angeführte Text selbst ein Zitat, so ist dies durch halbe Anführungszeichen ebenfalls zu kennzeichnen. Bedarf ein Zitat erklärender Anmerkungen oder enthält es Druck- bzw. Schreibfehler, so muß man dies in eckigen Klammern anzeigen. Auslassungen innerhalb eines längeren Zitates muß der Verfasser durch drei in eckigen Klammern eingefaßte Punkte kenntlich machen; stehen keine eckigen Klammern, so ist davon auszugehen, daß die Auslassungszeichen bereits im Original vorkommen.

Es ist durchaus üblich, auch fremdsprachige Zitate zu verwenden, allerdings richtet es sich nach dem Adressaten, ob diesen eine Übersetzung mitgeliefert werden sollte. Das Eingliedern von Zitaten in den Satzzusammenhang ist zwar zulässig, es sollte jedoch beachtet werden, daß sowohl der Sinn des Zitates nicht verfälscht wird als auch Syntax und Interpunktion gewahrt bleiben. Es ist in keinem Fall empfehlenswert, fremdsprachige Zitate in einen deutschen Satz einzufügen, da dies den Lesefluß oft erheblich beeinträchtigt.

Besonders wichtig ist es, darauf zu achten, daß auch dann, wenn Meinungen oder Argumentation einer Quelle übernommen werden, dies im eigenen Text entsprechend kenntlich gemacht wird.

### 1. 1. 12. Fußnoten

Fußnoten sind die übliche Art der Anmerkung im Text. Sie dienen der ergänzenden Information des Lesers und stehen am Fuß der Seite. Werden die Fußnoten ans Ende des jeweiligen Kapitels oder Werkes gesetzt, so bezeichnet man sie als Endnoten. Es ist allerdings empfehlenswert, auf Endnoten zu verzichten, da dies dem Leser lästiges Blättern erspart. Die Fußnotenziffer wird im Text hochgestellt und am unteren Rand der Seite drei Anschläge eingerückt.

Obwohl es in einigen Kreisen noch immer als ausgesprochen wissenschaftlich gilt, möglichst viele Fußnoten in den Text einzuarbeiten, sei an dieser Stelle vor einem zu großen Fußnotenumfang gewarnt, da diese oft als Abladeplatz für übriggebliebene Materialien dienen und außerdem den Lesefluß erheblich beeinträchtigen können.

Wer seine Arbeiten noch mit der Schreibmaschine verfaßt, sollte die Fußnotennumerierung auf jeder Seite neu beginnen, da erfahrungsgemäß auch noch im nachhinein Fußnoten eingefügt werden müssen. Die modernen Textverarbeitungsprogramme verfügen zumeist über eine dynamische Fußnotennumerierung, welche bei Einfügung einer Nummer automatisch die nachfolgenden neu numeriert. Man kann die Fußnoten seitenweise, kapitelweise oder durchlaufend numerieren.

## 1. 2. Formen der bibliographischen Erfassung

Während einer Arbeit ändert sich fortlaufend die Anzahl der bibliographisch erfaßten Titel; unter Umständen müssen sie auch mehrmals nach verschiedenen Kriterien selektiert und/oder sortiert werden. Der Benutzer eines Computers und eines Textverarbeitungsprogramms mit integrierter Datenbankfunktion wird auch große Datenmengen ohne

Schwierigkeiten als Sekundärdatei* verwalten können, während der noch ohne technische Hilfsmittel arbeitende Examenskandidat auf Karteikarten angewiesen ist. Auf keinen Fall sollte man auf die Möglichkeit verzichten, die gefundene Liste durch Einschübe und Umsortierungen übersichtlich zu ergänzen, neuen Kriterien anzupassen und zu aktualisieren.

Es empfiehlt sich, zusammen mit den Titeln die jeweiligen Signaturen einzutragen bzw. einen Verweis auf eine im eigenen Besitz befindliche Photokopie oder eine laufende Fernleihe (mit Datum der Aufgabe) vorzunehmen. Bei kleineren Bibliographien mag man auch ohne derartige Hilfen noch den Überblick behalten, aber bereits ab einer Menge von 100 Titeln wird dies immer schwieriger.

---

\* Eine Sekundärdatei kann aus verschiedenen Datensätzen bestehen, die ihrerseits wiederum mehrere Datenfelder enthalten können. Eine bibliographische Sekundärdatei enthält genau eine Angabe pro Datensatz; je mehr Felder unterschieden werden (z. B. für Autor, Titel, Ort, Erscheinungsjahr, Stichwortzuordnung usw.), desto besser kann die Datei nach verschiedenen Kriterien abgefragt - also vor allem umsortiert und selektiert - werden. Eine Sekundärdatei läßt sich problemlos innerhalb eines Textverarbeitungsprogramms mit einer Primärdatei - einer einfachen Maske, deren Platzhalter die entsprechenden Datenfelder der Sekundärdatei in einer bestimmten Reihenfolge abrufen und in ein vorgegebenes Format bringen - mischen, wodurch eine Textdatei - z. B. die Bibliographie einer Dissertation - erstellt werden kann. Da ein einziger Fehler in der Anlage der Primär- oder Sekundärdatei weitreichende Folgen haben kann, sollte man in keinem Fall auf das genaue Korrekturlesen der so erstellten Textdatei verzichten.

Wenn man von Anfang an seine Bibliographie genau und ausführlich anlegt, so kann man im Laufe der Zeit selbst an den eintreffenden Titeln die Richtigkeit der Angaben überprüfen bzw. diese verbessern oder ergänzen, so daß später von der Grundkartei/-datei das definitive Literaturverzeichnis der jeweiligen Arbeit erstellt werden kann. Hierzu ist es nützlich, bei jeder Karte mit einem entsprechenden Zeichen zu vermerken, ob die Angabe bereits überprüft und vervollständigt ist.

## 2. Die bibliographische Angabe

Während in der anglophonen Fachliteratur die bibliographischen Zitierweisen in zunehmendem Maße standardisiert werden, existiert im deutschsprachigen Schrifttum eine Fülle von verschiedenen Zitierarten, die je nach Verlag, Lektor oder Autor beträchtlich variieren können. Die folgenden Ausführungen sind daher unverbindliche Empfehlungen.

Zitate sollten leserfreundlich sein und ein schnelles Auffinden der Zitatstelle ermöglichen, ohne daß vorher erst noch umständlich zusätzliche Angaben recherchiert werden müssen. Es lohnt sich daher, im Literaturverzeichnis einer Examensarbeit für jeden Titel einen möglichst ausführlichen Eintrag vorzusehen und im Gegenzug den Text durch einen Verzicht auf reine Belegfußnoten zugunsten des Autor-Jahr-Seite-Systems (z. B. Güldenpfennig 1989b: 47) übersichtlicher zu gestalten.

International setzt sich die standardisierte Zitierweise des *MLA Style Sheet*[*] immer mehr durch; sie sollte in Publikationen verwendet werden, deren Adressatenkreis über den deutschsprachigen Raum hinausgeht.

In Deutschland haben sich die *Preußischen Instruktionen* von 1899 bzw. 1908, die immer noch vielen Bibliothekskatalogen zugrunde liegen, nicht durchsetzen können. Die

---

[*] William Riley Parker; New York: Modern Language Association of America, ²1970.

Deutsche Bibliothek in Frankfurt am Main verwendet aber seit einigen Jahren ein übersichtliches Katalogisierungssystem, das sich hervorragend für wissenschaftliche Quellenangaben eignet, da es alle wichtigen Kriterien übersichtlich erfaßt. Viele Bücher führen zusätzlich zu ihrem Impressum auf der vierten Seite ihre CIP-Kurztitelaufnahme\* der Deutschen Bibliothek an, die direkt für die bibliographische Angabe verwendet werden kann.

Man kann in einer groben Einteilung drei Arten von Schrifttum unterscheiden: *Selbständiges Schrifttum, unselbständige Veröffentlichungen und Ungedrucktes.*

*Selbständiges Schrifttum* kann in einem Verlag veröffentlicht oder privat vervielfältigt worden sein. Es kann sich um ein Werk eines oder mehrerer Autoren und/oder Herausgeber(s) - evtl. unter Verwendung eines Pseudonyms -, um anonyme Bücher, um Hochschulschriften und Festschriften, um Sammelwerke, mehrbändige Werke oder Reihen und Mehrfachveröffentlichungen handeln und erscheint unter eigenem Titelblatt. Folgende Informationen sollten daher in der bibliographischen Angabe enthalten sein: Name und Vorname des/der Autor(en) bzw. Herausgeber(s), Titel und evtl. Untertitel, Verlagsort(e), Verlag(e), Auflagenzahl, Erscheinungsjahr, evtl. Reihentitel und Bandzählung, ISBN-Nummer. Dies kann z. B. folgendermaßen aussehen:

---

\* CIP bedeutet *Cataloguing-in-Publication.*

Hortleder, Gerd / Gebauer, Gunter (Hrsg.): *Sport - Eros - Tod,* Frankfurt am Main: Suhrkamp, 1986 (Edition Suhrkamp; Bd. 1335), ISBN 3-518-11335-6.

Diem, Liselott: *Frau und Sport: ein Beitrag zur Frauenbewegung,* Freiburg im Breisgau; Basel; Wien: Herder, 1980 (Herderbücherei; Bd. 827), ISBN 3-451-07827-9.

Elias, Norbert: *Was ist Soziologie?,* Weinheim; München: Juventa, $^5$1986 (Grundfragen der Soziologie), ISBN 3-7799-0102-1.

**Man beachte die Zeichensetzung bei der Literaturangabe!**

*Unselbständiges Schrifttum* umfaßt alle Veröffentlichungen, die als Teile/Kapitel von Büchern, Sammelwerken, Zeitschriften oder Zeitungen erscheinen. Hier benötigt man die genaue Angabe des/der Verfasser(s), den Aufsatztitel und die Seitenzahlen sowie die Angabe des entsprechenden Buches (siehe oben) oder der Zeitschrift/Zeitung. Bei Zeitschriften reicht der Titel, die Jahrgangs- und evtl. Heftzählung sowie die Jahresangabe - diese ist nicht unbedingt mit dem Erscheinungsjahr identisch! - aus, gelegentlich werden kleineren und daher nicht sehr verbreiteten Zeitschriften auch die Orts- und Verlagsangaben sowie die ISSN-Nummern beigegeben. Bei Zeitungsartikeln sollte man das genaue Datum und auch immer die Seitenzählung, evtl. sogar die Spalte (A, B, C, usw.) angeben, um den Lesern das ermüdende Durchsehen der Microfilmspulen zu ersparen. Die folgenden Beispiele illustrieren die drei Typen:

Bourdieu, Pierre: «Historische und soziale Voraussetzungen modernen Sports», in: Hortleder, Gerd / Gebauer, Gunter (Hrsg.): *Sport - Eros - Tod,* Frankfurt am Main: Suhrkamp, 1986 (Edition Suhrkamp; Bd. 1335), ISBN 3-518-11335-6, S. 91-112.

Ehlert, Martin-Heinz: «Lilli Henoch: Fragmente aus dem Leben einer jüdischen Sportlerin und Turnlehrerin», in: *Sozial- und Zeitgeschichte des Sports 3/2* (1989), S. 34-48.

Deister, Günter: «In den Fesseln der Apartheid: Der Sport in Südafrika droht in der Isolation zu ersticken», in: *Die Zeit,* 22. 7. 1983, S. 37-38.

Buch- und Zeitschriftentitel werden im Manuskript übrigens für späteren Kursivsatz immer unterstrichen, während unselbständige Titel in Anführungsstriche zu setzen sind. *Ungedrucktes* (Materialien, graue Literatur, *Preprints* etc.) wird weder durch Unterstreichung noch durch Anführungsstriche ausgezeichnet; am Ende des Eintrags wird stattdessen in Klammern vermerkt, worum es sich handelt. Meist zitiert man auf diese Weise Schrifttum, das mit den Bemerkungen «im Druck», «unveröffentlicht», «unveröffentlichter Kongreßbeitrage», «unveröffentlichtes Redemanuskript» u. ä. gekennzeichnet werden kann.

Grundsätzlich sollte man ungenaue Angaben *(op. cit., ibidem/ebenda, a. a. O., S. 96 ff. etc.)* vermeiden. Der Leser wird sonst unnötigerweise gezwungen, im Text oder in den Fußnoten zurückzublättern, oder bleibt im Ungewissen, auf welche Seiten sich der Verfasser genau bezieht.

## 3. Allgemeine Grundsätze der Recherche

In der Regel verfügt man bereits zu Beginn einer Arbeit über Literaturhinweise vom zuständigen Dozenten, so daß man in der jeweiligen Universitäts- bzw. Institutsbibliothek das gewünschte Werk ausleihen kann. An dieser Stelle soll daher kurz auf die unterschiedlichen Typen von Bibliotheken eingegangen werden.

Im allgemeinen unterscheidet man *wissenschaftliche Bibliotheken* von *öffentlichen Bibliotheken.* Während wissenschaftliche Bibliotheken vorwiegend dem wissenschaftlich arbeitendem Benutzer Literatur zur Verfügung stellen, sind die öffentlichen Bibliotheken für die breite Öffentlichkeit eingerichtet und dienen der Allgemeinbildung. Wissenschaftliche Bibliotheken lassen sich ihrerseits in *Universalbibliotheken* (wissenschaftliche Allgemeinbibliotheken), die Literatur zu allen Wissenschaftsgebieten sammeln und wissenschaftliche *Fachbibliotheken,* die lediglich fachspezifische Literatur akkumulieren, unterscheiden.

Angesichts der ständig zunehmenden Menge an wissenschaftlichem Schrifttum ist es nicht verwunderlich, daß eine Universitätsbibliothek in der Regel nicht einmal dann, wenn sie für das entsprechende Sondersammelgebiet der Deutschen Forschungsgemeinschaft (DFG) verantwortlich ist,[*] lückenlose Vollständigkeit zu einem Thema garantieren kann. Im Gegensatz zu öffentlichen Bibliotheken, die ihren

---

[*] Das DFG-Sondersammelgebiet für Sportwissenschaft wird von der Universitätsbibliothek in Köln geführt.

Bestand nach dem Aktualitätsprinzip richten und von daher einen Teil ihrer Bücher regelmäßig aussortieren, besitzen wissenschaftliche Bibliotheken einen archivarischen Charakter, d. h., die Bücher werden auf Dauer aufbewahrt.

Die Benutzung der jeweiligen Bibliothek hängt von der entsprechenden Benutzerordnung ab, über die man sich im voraus informieren sollte. Sollte man Fragen zur Benutzerordnung sowie zur Literatursuche haben, so erweist sich das Bibliothekspersonal in der Regel als äußerst hilfsbereit.

## 4. Bestandserschließung der Bibliotheken

Im allgemeinen betritt ein Bibliotheksbenutzer unter folgenden Voraussetzungen eine Bibliothek:

a  Er sucht ein oder mehrere Bücher, dessen Autor und Titel ihm bekannt sind.
b  Er sucht Literatur zu einem bestimmten Thema.

Im Fall a) kann sich der Benutzer an den *Alphabetischen Katalog* begeben, der sämtliche vorhandenen Bücher unter formalen Gesichtspunkten, d. h. Name(n) vom Verfasser(n), Herausgeber(n) oder Körperschaften bzw. bei anonymen Werken unter deren Sachtiteln, in alphabetischer Reihenfolge verzeichnet. Es handelt sich hierbei also um einen Verfasser- und Titelkatalog.

Für den Fall b) kann sich der Literatursuchende an den *Systematischen* bzw. an den *Schlagwortkatalog* wenden. Da es für diese Katalogarten keine allgemeinen Richtlinien gibt, sollte man sich die jeweilige Anlage im Bedarfsfall vor Ort von einem Bibliotheksangestellten erklären lassen. Im wesentlichen unterscheidet sich der Systematische Katalog vom Schlagwortkatalog dadurch, daß er systematisch nach Wissensgebieten geordnet ist, während der Schlagwortkatalog, wie der Name schon sagt, nach Schlagwörtern unterteilt ist. Der große Vorteil des Systematischen Katalogs ist seine Zusammenfassung der Literatur eines bestimmten Sachgebietes. Der Schlagwortkatalog ist im Gegensatz zum Systematischen Katalog nicht nach Zusammenhängen, sondern lediglich nach alphabetischer Reihenfolge der

Schlagwörter aufgebaut. Beide Katalogarten dienen dazu, dem Benutzer einen kurzen Überblick über die in der Bibliothek vorhandene Literatur zu seinem Thema zu geben.

In vielen Bibliotheken gibt es außer diesem Katalogen noch eine Reihe von Sonderkatalogen, die eventuell auf Landkarten, Schallplatten o. ä. verweisen.

## 5. Verschiedene Träger
## bibliographischer Verzeichnisse

Die meisten bibliographischen Verzeichnisse liegen *gedruckt* in verschiedenen Formen - Zettelkataloge, gebundene Bücher, Zeitschriftenaufsätze usw. - vor. Es gibt aber auch andere Formen, die zunehmend an Bedeutung gewinnen.

Am anstrengendsten ist die Durchsicht von Bibliographien, die auf *Microfilm* vorhanden sind. Microfilme dürfen in der Regel nicht ausgeliehen werden und können nur in der jeweiligen Bibliothek an einem Lesegerät in einem Lesesaal durchgesehen werden. Rückvergrößerungen sind sehr teuer (meist zwischen 0,15 DM und 1,00 DM pro Seite) und lohnen sich daher kaum. Die schlechte Bildqualität, die fehlende Möglichkeit, schnell von einer Seite auf die andere zu springen - man muß immer den dazwischenliegenden Teil durchlaufen lassen - und oft noch der Ärger über vom vorherigen Benutzer nicht zurückgespulte Filme sind leider unvermeidlich. Obwohl es sich um ein sehr benutzerunfreundliches Medium handelt, wird zunehmend Literatur auf Microfilmen platz- und kostensparend konserviert.

Angenehmer sind Verzeichnisse auf *Microfiches* zu lesen; auch für sie benötigt man ein spezielles Lesegerät. Vielfach stehen sie direkt in allgemein zugänglichen Räumen der Bibliotheken, so daß man im Gegensatz zu den Microfilmen keinen Leihschein auszufüllen braucht und direkten Zugriff auf die Informationen hat. Meistens findet man rechts unten auf jedem Fiche eine Übersicht, mit deren Hilfe man die gewünschte Stelle schnell auf dem Lesegerät einstellen kann.

Zukunftsweisend sind Verzeichnisse auf CD-Rom, die man über in der Bibliothek installierte Terminals mit Hilfe einfach zu bediendender Software schnell und zuverlässig unter Verwendung verschiedener Kriterien, die auch miteinander mittels logischer Operatoren verknüpft werden können, abfragen kann. Beispielsweise gibt es das *Verzeichnis lieferbarer Bücher (VLB)* sowie eine Testversion der *Deutschen Bibliographie* (seit 1986), die dreimal jährlich aktualisiert wird, bereits auf CD-Rom.

Die zeitsparende Suche in internationalen Datenbanken führt dagegen nicht immer zum gewünschten Erfolg; bisher wird die Vollständigkeit der gedruckten Verzeichnisse noch nicht von den zu Verfügung stehenden Datenbanken abgedeckt. Eine Ausnahme im deutschen Sprachbereich stellt die Deutsche Bibliothek dar, in welcher bereits seit den sechziger Jahren alle eingehenden Titel auch elektronisch katalogisiert werden und über «Bibliodata» gegen Gebühr abrufbar sind.

Verschiedene Bibliographien werden auf mehreren Trägern parallel herausgegeben; doch eine Bibliothek, die z. B. den *National Union Catalogue (NUC)* auf Microfiche führt, wird wahrscheinlich nicht auch gleichzeitig die gedruckte Ausgabe bereitstellen und umgekehrt.

In keinem Fall sollte man sich von einer unbekannten oder vielleicht als unbequem empfundenen Trägertechnik abschrecken lassen! Bibliographien erleichtern die wissenschaftliche Arbeit, und das jeweilige Bibliothekspersonal wird immer mit Rat und Erklärungen die erforderliche Hilfestellung leisten.

## 6. Bibliographien der Bibliographien

Als Einstieg in die Recherche nach sportwissenschaftlicher Literatur bieten sich zunächst einmal die Bibliographien der Bibliographien an. Sie berücksichtigen alle Fachbereiche, sind daher längst nicht so vollständig wie Fachbibliographien und ermöglichen dem Benutzer einen kurzen Überblick über die bibliographische Produktion seines Faches.

Bibliographien erscheinen als unselbständige Buch- oder Zeitschriftenaufsätze, als einmalige Veröffentlichungen oder fortlaufende Verzeichnisse. Eine fortlaufende Bibliographie ist z. B. die *Sport-Dokumentation* des Bundesinstitutes für Sportwissenschaft in Köln (seit 1970). In vielen Fällen ist es für den Sportwissenschaftler unumgänglich, auf allgemeine Bibliographien oder Bibliographien anderer Fächer - z. B. Ethnologie, Soziologie, Altertumswissenschaft u. ä. - zurückzugreifen, da ein derart universelles Thema wie Sport Überschneidungen mit den meisten geisteswissenschaftlichen Fächern aufweist. Wer etwa über den Ursprung der Olympischen Spiele und den Sport im alten Hellas arbeitet, wird auch Bibliographien und Nachschlagewerke der Altertumswissenschaft konsultieren müssen, wogegen der Diplomand, der sich mit dem Sportwesen unter der brasilianischen Militärdiktatur befaßt, oder der Magisterkandidat, der über die Sportförderung in Nigeria schreibt, auf völlig anderes Material angewiesen sind, das nur zum Teil in sportspezifischen Bibliographien angeführt ist.

Es ist daher unumgänglich, sich unter Zuhilfenahme einer Bibliographie der Bibliographien einen Überblick über die vorhandenen Hilfsmittel für die einzelnen Disziplinen zu verschaffen.

Für Seminarsarbeiten dürften oft bereits die

*Tafeln zur Fachbibliographie: mit einem Register zur analytischen Inhaltserschließung der Verzeichnisse*, Wiesbaden: Reichert, 1984, von Helmut Allischewski

ausreichen. Wie fast jede Bibliographie erklärt sich auch diese in einem Vorwort selbst. In übersichtlichen Tabellen findet man Standardwerke verzeichnet, die man im jeweiligen Falle konsultieren kann.

Für Examens- und Doktorarbeiten ist es ratsam, zwei Standardwerke zu konsultieren, die in Auswahl die wichtigsten Bibliographien enthalten und kurz vorstellen:

Allischewski, Helmut: *Bibliographienkunde: ein Lehrbuch mit Beschreibungen von mehr als 300 Druckschriftenverzeichnissen und allgemeinen Nachschlagewerken*, Wiesbaden: Reichert, $^2$1986,

und

Totok, Wilhelm / Weitzel, R.: *Handbuch der bibliographischen Nachschlagewerke: Band 1: Allgemeinbibliographien und allgemeine Nachschlagewerke;*

*Band 2: Fachbibliographien und fachbezogene Nachschlagewerke*, hrsg. von Hans-Jürgen und Dagmar Kernchen, Frankfurt am Main: Klostermann, $^6$1984, 2 Bde.; der Schwerpunkt liegt bei den deutschsprachigen Ländern.

Beide Bibliographien verweisen auf weitere, zum Teil ausführlichere Bibliographien der Bibliographien wie z. B. die von Besterman,* Winchell, Malclès, Schneider oder den *Bibliographic Index: A Cumulative Bibliography of Bibliographies* (seit 1937), der auch versteckte Bibliographien umfassend verzeichnet.

Für die erste Einarbeitung scheinen mir die Werke von Allischewski und Totok/Weitzel am geeignetsten; wer sie für seine Zwecke auswertet, wird mit Sicherheit auf fast alle relevanten Bibliographien verwiesen werden.

---

\* Besterman, Theodore: *A World Bibliography of Bibliographies and of Bibliographical Catalogues, Calendars, Abstracts, Digests, Indexes, and the Like*, Lausanne $^4$1965-1966, 5 Bde.

## 7. Bibliographien der Fachbibliographien

Während die Bibliographien der Bibliographien dem Benutzer lediglich als Einstiegsmöglichkeit in seine Recherche dienen können, jedoch relativ undetailliert sind, sollte man sich danach die Bibliographien der Fachbibliographien zur Hand nehmen, da diese sich auf ein Wissensgebiet konzentrieren und daher in der Regel vollständiger sind.

Für die Sportwissenschaft sei an dieser Stelle auf das Werk von

> Ursula Weidig: *Schrifttumsverzeichnisse für Körperkultur und Sport. Allgemeine und spezielle Fachbibliographien sowie Hilfsmittel zur Benutzung der Fachliteratur,* Leipzig 1959-1975, 8 Bde.,

aufmerksam gemacht. Die einzelnen Bände erschienen in den Jahren von 1959 bis 1975 regelmäßig und wurden dann leider eingestellt. Nach Ansicht von Manfred Komorowski, der seinerseits eine Arbeit für die Prüfung an einem Bibliothekar-Lehrinstitut in Köln über die Bibliographien zur Sportwissenschaft geschrieben hat -

> Komorowski, Manfred: *Bibliographien zur Sportwissenschaft: ein Überblick über ihre Entwicklung im internationalen Rahmen,* München; New York; Verlag Dokumentation Saur, 1978

- ist die Bibliographie von Ursula Weidig an Umfang und Informationswert kaum zu übertreffen. Seit der Einstellung dieser Erscheinungen hat sich bisher, vor allem auf deutschem Sprachgebiet, kein gleichwertiger Ersatz gefunden.

Ein weiterer Bibliograph, der sich für die Sportwissenschaft besonders verdient gemacht hat, ist der Grazer Sportwissenschaftler Josef Recla. Er versuchte mit seinem Werk

*Bibliographie der Bibliographien der Leibesübungen,* Graz: Institut für Leibeserziehung der Universität, 1911-1959,

ein internationales Verzeichnis zu erstellen; er berichtet jedoch fast ausschließlich über deutschsprachige Literatur. Zu erwähnen wäre außerdem noch Karl Lennartz, der den sechsten Band seiner bibliographischen Reihe (Gesamtangabe im folgenden Kapitel) den Bibliographien, Lexika und der Sportgeschichtschreibung gewidmet hat:

Karl Lennartz: *Bibliographie Geschichte der Leibesübungen, Bd. 6: Bibliographien, Lexika, Sportgeschichtsschreibung,* Köln: Seminar für Leibesübungen der Pädagogischen Hochschule Rheinland/Abteilung Köln, 1976.

# 8. Fachbibliographien

Das Bundesinstitut für Sportwissenschaft in Köln gibt die *Sportdokumentation: Literatur der Sportwissenschaft* heraus, die seit 1970 im Karl Hofmann Verlag (Schorndorf) erscheint und mittlerweile bereits über 400 Zeitschriften sowie eine Vielzahl von Monographien, Kongreßberichten und anderen Veröffentlichungen verzeichnet.

Ursprünglich erschienen zwei Reihen: *Teil A* umfaßte allgemein sportbezogene Literatur, *Teil B* die Sportmedizin. 1970 wurden drei Lieferungen zu jeder Reihe veröffentlicht, 1971 fünf Faszikel der Reihe A und sechs der Reihe B; ab 1972 erschienen jeweils sechs Lieferungen pro Jahr. Ab 1978 sind beide Reihen zusammengefaßt.

Es handelt sich um eine durch Schlagworte erfaßte, nach Themen gegliederte und fortlaufend durchnumerierte Bibliographie, die verschiedene große Bereiche abdeckt. Ein Schlagwort-und ein Autorenregister ergänzen das übersichtliche Inhaltsverzeichnis. Leider gibt es keine jahresübergreifenden Kumulationen oder zumindest Register, so daß man gezwungen ist, Band für Band durchzusehen. Als Beispiel für die thematische Gliederung sei die Inhaltsübersicht des 4. Heftes des 17. Jahrganges (1987) angeführt:

Sportwissenschaft:
    Sportwissenschaft, allgemein
    Anthropologie, Philosophie, Theologie
    Bewegungslehre
    Biomechanik
    Psychomotorik
    Sportgeschichte

Sportpädagogik
Sportpsychologie
Sportsoziologie
Trainingswissenschaft

Sportmedizin:
Leistungsphysiologie
Bewegungsapparat, Konstitution, Anthropometrie
Herz-Kreislauf-System, Blut - Stoffwechsel, Innersekretorisches System, Thermoregulation
Atmungssystem
Nervensystem, Sinnesorgane, Haut
Ernährung
Diagnostische Verfahren
Therapeutische Verfahren
Sporttraumatologie
Prävention, Rehabilitation
Sport und Geschlecht
Sport und Pharmakologie, Doping

Sondergebiete:
Höhenphysiologie
Flug- und Raumfahrtmedizin
Gesundheitserziehung, Hygiene
Arbeits- und Sozialmedizin

Sportbereiche:
Alterssport
Behindertensport
Breitensport
Frauensport
Freizeitsport, Tourismus
Kinder- und Jugendsport
Lehrlingssport
Leistungssport
Schulsport

Sportarten:
Alpinismus, Bergsport
Eissport
Flugsport
Gerätturnen
Gymnastik, Tanz, Ballett

Kampfsport:
    Judo
    Ringen
Leichtathletik
Mehrkampf, gemischter
Pferdesport
Radsport
Schwimmsport
Skisport
Tauchsport
Wassersport (Windsurfen)
Sportspiele
Sportspiele, allgemein:
    Basketballspiel
    Eishockey
    Fußballspiel
    Handballspiel
    Hockey
    Tennis
    Volleyballspiel

**Olympische Spiele**

**Sportverwaltung**

**Sport- und Freizeitanlagen**

**Sport und Kunst**

**Sport und Politik**

**Sport und Recht**

**Sport und Umwelt/Ökologie**

**Sport und Wirtschaft/Werbung**

**Zeitschriftenübersicht**

**Neuerwerbungsliste.**

So erschöpfend diese Liste auf den ersten Blick auch wirken mag, sie ist bei weitem nicht vollständig. Unter welcher Rubrik sucht beispielsweise der Diplomand, der eine Arbeit über die argentinische Sportpolitik im 20. Jahrhundert zu schreiben hat? Er wird sich natürlich vor allem auf fremdsprachige Quellen stützen müssen, die von der *Sportdokumentation* auch unmöglich alle erfaßt werden können. Dennoch ist sie ohne Zweifel ein nützliches Arbeitsinstrument, das man grundsätzlich konsultieren sollte.

Für den Zeitraum vor dem Einsetzen der *Sportdokumentation* steht eine Reihe von abgeschlossenen, retrospektiven Bibliographien zur Verfügung.

Das ausführlichste Werk dieser Art ist die sechsbändige *Bibliographie Geschichte der Leibesübungen,* die Karl Lennartz besorgt hat. Die Bände gliedern sich wie folgt:

Band 1: *Geschichte der Leibesübungen in Zeitabschnitten:*

>Heft 1: *Vorgeschichte, Altertum, Antike, Mittelalter.*
>Heft 2: *Neuzeit, 16. - 19. Jh.*
>Heft 3: *Neuzeit 2, 20. Jh., Register.*

Köln: Seminar für Leibesübungen der Pädagogischen Hochschule Rheinland, Abteilung Köln, 1977.

Band 2: *Personen.*

Heft 1: *1. Als bis 365. Münch.*
Heft 2: *199. Gutsmuths bis 251. Jahn.*
Heft 3: *366. Münzer bis 576. Mehrere Personen, Register.*

Köln: Seminar für Leibesübungen der Pädagogischen Hochschule Rheinland, Abteilung Köln, 1972.

Band 3: *Sportarten.*

Heft 1: *Akrobatik bis Schwimmen.*
Heft 2: *Skisport bis Wassersport, Register.*

Köln: Seminar für Leibesübungen der Pädagogischen Hochschule Rheinland, Abteilung Köln, 1974.

Band 4: *Länder und Orte.*

Heft 1: *Länder.*
Heft 2: *Orte.*

Bonn: Peter Wegener, 1985.

Band 5: *Olympische Spiele*, Köln: Seminar für Leibesübungen der Pädagogischen Hochschule Rheinland, Abteilung Köln, 1971; Ergänzungsheft 1: *Nachträge und olympische Literatur 1972*, Köln 1973; 2. erweiterte Auflage: Bonn: Peter Wegener, 1983.

Band 6: *Bibliographien - Lexika - Sportgeschichtsschreibung*, Köln: Seminar für Leibesübungen der Pädagogischen Hochschule Rheinland, Abteilung Köln, 1976.

Eine sehr gute Darstellung allgemeiner und fachspezifischer Sportbibliographien im In- und Ausland gibt die kommentierte Bibliographie

Manfred Komorowski: *Bibliographien zur Sportwissenschaft: Ein Überblick über ihre Entwicklung im internationalen Rahmen,* München; New York: Verlag Dokumentation Saur, 1978.

Es handelt sich um eine Hausarbeit zur Prüfung für den höheren Dienst an wissenschaftlichen Bibliotheken, die übersichtlich und präzise informiert.

Die Zentralbibliothek für Körperkultur und Sport der DDR an der Deutschen Hochschule für Körperkultur (Leipzig) gibt unter dem Titel *Sportbibliographie* ständig Nachträge zu ihrer Grundbibliographie heraus (siehe S. 61). Die 11. Nachtragslieferung ist unter dem Titel

*Sportbibliographie 1975-1976: Bücher, Zeitschriften, Dissertationen aus der Deutschen Demokratischen Republik und dem Ausland in deutscher Sprache*

1977 erschienen. Auch hier liegt ein Verfasser- und Stichwortregister vor, die Inhaltsgliederung unterscheidet sich zwar von der *Sportdokumentation*, ist aber gleichfalls übersichtlich.

Ebenfalls aus der DDR stammt die Bibliographie von

Wolfgang Pahncke: *Geschichte der Körperkultur: eine Auswahlbibliographie deutschsprachiger Veröffentlichungen,* Leipzig: Bibliothek der Deutschen Hochschule für Körperkultur, 1967 (Sportbibliographien; 21/22),

zu der 1974 ein Nachtrag mit dem Untertitel *Eine Auswahlbibliographie von Veröffentlichungen aus der Deutschen Demokratischen Republik* (Sportbibliographien; 34) erschienen ist.

Zum Hochschulsport gibt es

Harald Binnewies / Joachim Neu: *Bibliographie zum Hochschulsport,* Ahrensburg: Czwalina, 1978 (Dokumente zum Hochschulsport; 4).

Vor allem mit Hilfe der *Sportdokumentation* informiert man sich am besten über einzelne Bibliographien wie z. B.

Bundesinstitut für Sportwissenschaft (Köln): *Zusammenstellung der Publikationen aus den Forschungsprojekten des Bundesinstituts für Sportwissenschaft (1971-1980)*, Köln: Bundesinstitut für Sportwissenschaft, 1982.

Retrospektiv werden deutschsprachige wissenschaftliche Arbeiten bis zum Jahre 1957 von

Josef Recla: *Das neue Schrifttum über Turnen, Sport und Spiel als Leibeserziehung: Bücher, Zeitschriften, Dissertationen, Diplomarbeiten und Filme; Gesamtverzeichnis der Neuerscheinungen im deutschsprachigen Raum von 1945-1952*, Frankfurt am Main: Limpert, 1952

erfaßt. Ein zweiter Band über den Berichtzeitraum 1952 bis 1958 erschien unter dem gleichen Titel - lediglich mit geänderter Jahresangabe - 1959 im selben Verlag. Unselbständige Literatur, also vor allem Aufsätze, werden zwar nicht im Grundwerk, aber dafür in einem Ergänzungsband des gleichen Verfassers verzeichnet:

*Wissenschaftliche Arbeiten über Leibesübungen: Werke, Bücher, Schriften, Manuskripte und Beiträge in Fachzeitschriften des deutschen Sprachraumes*, Graz: Institut für Leibeserziehung, 1958.

Parallel hierzu gibt es eine Bibliographie von Mack, die ebenfalls Aufsätze berücksichtigt:

Rudolf Mack: *Deutsche Sportbibliographie: 1945-1952*, Leipzig: Bibliothek der Deutschen Hochschule für Körperkultur, 1953.

Die Bibliographie wurde laufend fortgesetzt; seit 1956 wird die Zeitschriftenliteratur nicht mehr berücksichtigt. Seit 1969 erscheint sie unter dem neuen Titel *Sportbibliographie*, hrsg. von der Bibliothek der Deutschen Hochschule für Körperkultur - ab Band 1971/72 von der Zentralbibliothek für Körperkultur und Sport der DDR -, Leipzig 1969 ff.

In Zeitschriften, Sammelwerken, Kongreßberichten, Festschriften und vergleichbaren Veröffentlichungen sind des öfteren versteckte Bibliographien enthalten, die man mit Hilfe anderer Bibliographien erst aufspüren muß. Die Titel sind meist so gewählt, daß man bei einer schnellen Durchsicht einer Bibliographie des Zeitschrifteninhalts schnell auf sie aufmerksam wird. Ich gebe zwei Beispiele:

Burgener, Louis / Redmond, Gerald / Meunier, E. / Krüger, Arnd / Schiebel, Jörg P.: «Sports and Politics: A Selected Bibliography», in: *Cultures* 4/2 (1977), S. 137-179.

Schlosshan, Andrea: «Sport und Apartheid in der Republik Südafrika: Eine Bibliographie», in: *Sozial- und Zeitgeschichte des Sports 3/2* (1989), S. 49-71.

Vor allem im englischsprachigen Ausland gibt es darüber hinaus eine Fülle von Bibliographien, die hier bei weitem nicht alle angeführt werden können. Die folgende Auswahl stellt lediglich einige nützliche Titel vor, für umfassende Recherchen muß auf eine Bibliographie der Bibliographien verwiesen werden.

Sport Information Resource Centre (Hrsg.): *Sport Bibliography = Bibliographie du sport* (Ottawa, seit 1981).

Robert J. Higgs: *Sports: A Reference Guide,* Westport (Connecticut); London: Greenwood Press, 1982;

eine thematisch gegliederte, selektive und wertend beschreibende Bibliographie.

*Sports and Physical Education: A Guide to the Reference Resources,* compiled by Bonnie Gratch, Betty Chan, Juditz Lingenfelter, Westport (Connecticut); London: Greenwood Press, 1983.

*Sociology of Leisure and Sport Abstracts,*

eine im Elsevier-Verlag (Amsterdam; Oxford; New York; Tokio) erscheinende periodische, kommentierte Bibliographie mit einem Sachindex.

Paul Redekop: *Sociology of Sport: An Annotated Bibliography*, New York; London: Garland, 1988 (mit einer thematischen Grobgliederung und einem Autorenindex).

Natürlich gibt es auch Bibliographien zu sehr spezialisierten Gebieten wie z. B.

*Black Athletes in the United States: A Bibliography of Books, Articles, Autobiographies, and Biographies on Black Professional Athletes in the United States, 1800-1981*, compiled by Lenwood G. Davis and Belinda S. Daniels, Westport [Connecticut]; London: Greenwood, 1981.

Sie sind mit den üblichen bibliographischen Hilfsmitteln leicht aufzufinden. Schwieriger wird es mit den nicht direkt fachbezogenen Bibliographien, die aber sportwissenschaftliche Titel aufweisen und evtl. sogar beschlagworten. Hier ist man auf den eigenen Spürsinn verwiesen. Vor allem bei sportsoziologischen Themenstellungen kann es wichtig sein, sich mögliche Bezüge zu anderen Fachgebieten zu überlegen und dann diesbezügliche Bibliographien durchzusehen.

## 9. Weitere bibliographische Hilfsmittel

Zusätzlich zu den bisher angeführten Bibliographien gibt es noch eine Reihe weiterer spezialisierter Bibliographien und Kataloge, welche vor allem für Doktoranden und Habilitanden von Interesse sind, um eine möglichst große Vollständigkeit zu erreichen.

### 9. 1. Nationalbibliographien

Nationalbibliographien werden von den jeweiligen Nationalbibliotheken erstellt. In den meisten Ländern müssen die Verlage ein oder mehrere Pflichtexemplare jeder Publikation an die jeweilige Nationalbibliothek abführen. Je nach Land wird dies unterschiedlich gehandhabt. So ist etwa die Deutsche Bibliothek sehr gut ausgestattet, während z. B. die beiden italienischen Nationalbibliotheken keinen vollständigen Bestand aufweisen.

Je nach Thema und Sprachenkenntnis kann es erforderlich sein, die Nationalbibliographien verschiedener Länder einzusehen. Einen Überblick geben die genannten Bibliographien von Totok/Weitzel und Allischewski (siehe S. 36-37). Zumeist werden wahrscheinlich neuere Schriften aus dem deutschen, englischen und französischen Sprachraum ausgewertet werden.* Hierfür sind - in Auswahl - die folgenden Nationalbibliographien zu empfehlen:

Die *Deutsche Bibliographie* erscheint seit 1947 in Frankfurt am Main und wird von der Deutschen Bibliothek herausgegeben. Ein Sach- und ein Autorenregister erlauben eine schnelle Durchsicht der verschiedenen Reihen. Seit 1965 werden die *Reihe A* (Erscheinungen des Verlagsbuchhandels), die *Reihe B* (Erscheinungen außerhalb des Verlagsbuchhandels) und die *Reihe H* (Hochschulschriften) unterschieden; es gibt noch weitere Reihen, von denen höchstens noch die wöchentliche Liste der Neuerscheinungen *(CIP-Titelaufnahmen)* für den Sportwissenschaftler von Interesse ist. Die wöchentlichen Verzeichnisse werden zu Monatsverzeichnissen kumuliert; zu den Reihen A und B gibt es dann noch Halbjahres-, zu der Reihe H Jahreskumulationen. Nur zu der Reihe A und B werden außerdem noch Fünfjahreskumulationen erstellt, die eine schnelle Durchsicht sehr erleichtern. Es besteht auch die teils kostenpflichtige, teils kostenlose Möglichkeit der Computerrecherche. Bücher aus der DDR, Schweiz und aus Österreich werden nur selektiv verzeichnet. Wem die *Deutsche Bibliographie* nicht vollständig genug ist, der kann seine Recherchen auf die *Deutsche Nationalbibliographie und Bibliographie des im Ausland erschienenen deutschsprachigen*

---

\* Es gibt für die genannten Sprachen eine Fülle von älteren Verzeichnissen (z. B. das alte *Gesamtverzeichnis des deutschsprachigen Schrifttums [1700-1910]* sowie die Fortsetzungbände 1911-1965), welche in den angeführten Werken von Totok/Weitzel und Allischewski vorgestellt werden.

*Schrifttums* (Leipzig, seit 1946), das *Deutsche Bücherverzeichnis: Verzeichnis der in Deutschland, in Österreich, in der Schweiz und im übrigen Ausland erschienenen deutschsprachigen Verlagsschriften nebst den wichtigeren außerhalb des Buchhandels erschienenen Veröffentlichungen und des innerhalb Deutschlands verlegten fremdsprachigen Schrifttums* (Leipzig) sowie auf die *Österreichische Bibliographie* und das *Schweizer Buch* ausdehnen.

Der seit 1898 in den USA erscheinende *U. S. Library of Congress: Cumulative Book Index (CBI)* erfaßt seit 1929 das ganze anglophone Schrifttum. Durch eine andere Gliederung und Beschlagwortung ist aber auch der Gebrauch von *The British National Bibliography* (London, seit 1950) empfehlenswert. Weitere Nationalbibliographien (Kanada, Australien, Südafrika, Neuseeland etc.) sollte man nur für sehr spezielle Studien einsehen.

Für Frankreich gibt es seit 1811 die *Bibliographie de la France*.

Jede Nationalbibliographie hat eine andere Gliederung und Systematik. Es ist empfehlenswert, sich anhand der immer vorhandenen Erklärungen gründlich mit dem jeweiligen System vertraut zu machen.

## 9. 2. Bibliotheks-, Gesamt-, Zentralkataloge

Gedruckte Kataloge großer Bibliotheken können wertvolle Verzeichnisse für die Literaturrecherche sein. Für den englischsprachigen Bereich ist so z. B. das mit wechselnden Untertiteln erscheinende *British Museum*, das bei insgesamt fast 7 Millionen Einträgen auch eine Vielzahl von anderssprachigen Titeln anführt und über einen Sachindex *(Subject Index)* verfügt, zu nennen. An Umfang ist dieser Bibliothekskatalog in etwa dem *Dictionary Catalog* der *New York Public Library*, einer Dachorganisation für viele Forschungsbibliotheken, vergleichbar.

Wesentlich bedeutender sind die Kataloge der *Library of Congress*, die mittlerweile allerdings alle in den verschiedenen Lieferungen des *National Union Catalogue (NUC)*, der sicherlich weltweit größten Bibliographie, enthalten sind. Es handelt sich um einen Gesamtkatalog der bedeutendsten nordamerikanischen Bibliotheken (USA und Kanada), der auf Microfiches und gedruckt vorliegt, sowohl alphabetisch als auch über einen Index erschlossen ist und in verschiedenen Folgen[*] ausgeliefert wird.

Von weitaus geringerer Bedeutung sind französische und deutsche Kataloge wie etwa der *Catalogue général*

---

[*] D. h. von der Erfindung des Buchdrucks bis 1956; 1956-1967; Fortsetzung in monatlichen, vierteljährlichen, jährlichen und Fünfjahreskumulationen.

*des livres imprimés (CG)* der Pariser Nationalbibliothek oder die Länderverbundkataloge in der Bundesrepublik.*

Unter die Rubrik «Bibliothekskataloge» fallen auch bloße Titelübersichten der Neuaufnahmen bzw. Neuerscheinungen, die von manchen Bibliotheken als *Current Contents (Current Titles, Current Awareness)* herausgegeben werden. Dies trifft in der Bundesrepublik insbesondere auf diejenigen Bibliotheken zu, die von der Deutschen Forschungsgemeinschaft Sondersammelgebiete für bestimmte Forschungsgebiete erhalten haben und bemüht sind, die jeweilige Fachliteratur möglichst vollständig bzw. in einer vertretbaren Auswahl zur Benutzung bereitzustellen und zu archivieren.

## 9. 3. Sportspezifische Enzyklopädien und Lexika

*Lexika* können Bibliographien nicht ersetzen; doch für Seminarsarbeiten kann es unter Umständen viel Zeit ersparen, wenn man sich z. B. zuerst die Basisliteratur ansieht, die

Peter Röthig (Red.): *Sportwissenschaftliches Lexikon,* Schorndorf: Hofmann, $^5$1983,

---

* Nützlich kann die Benutzung des bayerischen und des nordrheinwestfälischen Kataloges sein; in beiden Bundesländern sind - wie auch in Hessen - große Bibliotheksbestände vorhanden.

verzeichnet. Auch das

*Handlexikon Sportwissenschaft* (hrsg. von Hans Eberspächer), Reinbek bei Hamburg: Rowohlt, 1987, (rororo Sportbücher; 7000)

bietet dem Anfänger eine erste Orientierung. Weitere Sportlexika, in denen man allerdings nur Sachinformationen nachschlagen sollte, sind

*Der Sport-Brockhaus: alles vom Sport von A-Z*, Wiesbaden: Brockhaus, $^4$1984,

sowie

Erich Beyer (Hrsg.): *Wörterbuch der Sportwissenschaft: deutsch, englisch, französisch*, Schorndorf: Hofmann, 1987.

Die meisten Lexika oder Enyzklopädien zu sportlichen Themen enthalten allerdings vorwiegend bibliographische Daten berühmter Sportler oder Informationen über spezifische Sportereignisse.

Einen ausführlichen Überblick über die vorhandene Literatur gibt die bereits genannte Bibliographie von Komorowski:

Manfred Komorowski: *Bibliographien zur Sportwissenschaft: Ein Überblick über ihre Entwicklung im internationalen Rahmen,* München; New York: Verlag Dokumentation Saur, 1978, S. 50-54.

## 9. 4. Hochschulschriftenverzeichnisse

Hochschulschriften - das sind insbesondere Dissertationen und Habilitationen - werden gewöhnlich in eigenen Bibliographien oder Reihen verzeichnet. Im deutschen Bereich berichtet seit 1885 das *Jahresverzeichnis der deutschen Hochschulschriften (HSV),* das nach Hochschulorten und Fakultäten geordnet und sowohl alphabetisch als auch über einen Sachindex erschlossen ist. Die *Reihe H* der *Deutschen Bibliographie* (siehe S. 54) verfügt ebenfalls über ein Verfasser-, Titel- und Stichwortregister. In Leipzig erscheint ebenfalls unter wechselndem Titel ein *Jahresverzeichnis der Hochschulschriften.* Es gibt eine Fülle von retrospektiven und laufenden Verzeichnissen zu verschiedenen Ländern; besonders umfangreich sind die nordamerikanischen Verzeichnisse (siehe hierzu Totok/Weitzel [vgl. S. 37]: Bd. 1, S. 239-250). Allerdings sind französische *thèses* qualitativ oft höherwertiger als nordamerikanische Doktorarbeiten; es sei auf den seit 1884 berichtenden *Catalogue des thèses de doctorat* verwiesen, der in letzter Zeit nach Sachgebieten gegliedert ist und über ein Autoren- und Sachregister verfügt.

Ansonsten gibt es drei große internationale Verzeichnisse:

*European Dissertation Abstracts* (Bern, seit 1967): erscheint unregelmäßig, verfügt über kein Sachregister.

*Comprehensive Dissertation Index* (Ann Arbor, seit 1973): das Grundwerk umfaßt die Jahre 1861-1972; es wird fortlaufend ergänzt. Vorwiegend wird der amerikanische Raum berücksichtigt; auf die Einträge in *Dissertation Abstracts International* wird verwiesen.

*Dissertation Abstracts International* (Ann Arbor, seit 1938): Seit 1976/77 werden auch die europäischen *Abstracts* in der Reihe C einbezogen; teilweise ist die Bibliographie retrospektiv durch einen Schlagwort- und Verfasserindex erschlossen.

Zu den Hochschulschriften gibt es ebenfalls mehrere Verzeichnisse. Für die Bundesrepublik und Österreich ist die

*Jahresbibliographie abgeschlossener sportwissenschaftlicher Arbeiten: Institute - Lehrkräfte - Lehrveranstaltungen; Mitteilungen der österreichischen Institute* (Gießen)

zuständig, für die DDR existiert die

*Bibliographie der Dissertationen aus Körperkultur, Körpererziehung, Sport und verwandten Gebieten: In- und ausländische Dissertationen in deutscher Sprache sowie an deutschen Universitäten verteidigte fremdsprachige Dissertationen von 1648 bis 1959, mit einem Anhang Habilitationsschriften,* herausgegeben von der Bibliothek der Deutschen Hochschule für Körperkultur, zusammengestellt von Ursula Weidig, Leipzig 1960 ff.,

und das von der Zentralbibliothek für Körperkultur und Sport der DDR herausgegebene

*Verzeichnis ausgewählter Diplomarbeiten auf dem Gebiet der Körperkultur, Körpererziehung und Sport aus der DDR* (1980).

Der österreichische Bibliograph Recla hat auch eine Bibliographie zu Habilitationen vorgelegt:

Recla, Josef: *Habilitationen in Theorie der Leibeserziehung, in Sportwissenschaft: eine Informationsstudie,* Graz: Institut für Leibeserziehung der Universität Graz, 1970.

Magisterarbeiten aus Nordamerika, Australien und Südafrika erschließt in Auswahl der

*Masters Abstracts: A Catalog of Selected Masters Theses on Microfilm* (Ann Arbor, seit 1962).

## 9. 5. Buchhandels- und Verlagsverzeichnisse

Verzeichnisse lieferbarer Bücher oder Microfiches-Kataloge von Grossisten wie z. B. *Blackwell* können für eine schnelle Suche von Vorteil sein; manchmal sind sie sogar fast wichtiger als eine Nationalbibliographie. In Italien etwa ist unter Umständen der *Catalogo dei libri in commercio* vollständiger als die Jahreskumulationen der «Bibliografia Nazionale Italiana *(Catalogo alfabetico annuale).*

Nützlich ist in jedem Fall das bereits erwähnte *Verzeichnis lieferbarer Bücher (VLB)*, das in jeder Universitätsbibliothek zumindest gedruckt und oft auch bereits auf CD-Rom eingesehen werden kann.

Eine kommentierte Verlagsbibliographie ist das retrospektive Verzeichnis des Berliner Sportverlags:

*20 Jahre Sportverlag Berlin 1947-1967: Bibliographie,*
Berlin: Sportverlag, 1966,

welche die Verlagsveröffentlichungen bis zum 31. 12. 1966 berücksichtigt. Der in der Bundesrepublik erschienene

*Gesamtkatalog* der Deutschen Sportbibliothek (Stuttgart),

welcher über 2000 Titel verzeichnet, erschien zuletzt 1974.

Es gibt auch die Möglichkeit, sich kostenlos über Neuerscheinungen und Neuauflagen vieler Verlage der Bundesrepublik Deutschland, der DDR, Österreichs und der deutschsprachigen Schweiz von der Fachbuchhandlung für Sport, Henkenheide 32, Postfach 127, 4010 Hilden, informieren zu lassen. Kataloge und Nachträge erscheinen im Schnitt drei- bis viermal jährlich unter dem Titel

*Buchpresse-Dienst - die aktuelle Sportinformation: Literaturübersicht.*

## 9. 6. Indices

Für den Sportwissenschaftler reichen in der Regel die Sach- und Autorenindices in den großen Bibliographien aus. Es gibt eine Fülle von weitergehenden Verzeichnissen, z. B. einen *Science Citation Index* (seit 1961) und ähnliche Bibliographien, auf die man praktisch nicht zurückgreifen muß, wenn man die üblichen Bibliographien systematisch auswertet.

## 9. 7. Zeitschriftenbibliographien und Rezensionen

Da Zeitschriften einen zumeist schnelleren Informationsaustausch ermöglichen als Bücher, verlagert sich bereits seit Jahrzehnten ein immer größerer Bereich der Forschung in die periodisch erscheinenden Veröffentlichungen.

Es gibt mehrere Verzeichnisse, die Zeitschriftentitel auflisten. Für den Sportwissenschaftler sind besonders die auf Microfiches in jeder Universitätsbibliothek verfügbare *Zeitschriftendatenbank (ZDB)*, welche alle in Bibliotheken der Bundesrepublik Deutschland vorhandenen Zeitschriften anführt[*] und die entsprechenden Bibliotheken nach dem Preußischen Sigelverzeichnis auflistet (1a ist z. B. die «Stabi» in Berlin). Sucht man einen Titel, der nicht in der *ZDB* vorhanden und somit aus dem Ausland beschafft werden muß, so kann man sich durch einen Blick in die *New Serial Titles* davon überzeugen, ob es die Zeitschrift wirklich gibt und wo bzw. seit wann sie erscheint. Für ältere Titel kann man zu

*Ulrich's International Periodicals Directory: A Classified Guide to a Selected List of Current Periodicals, Foreign and Domestic* (New York, seit 1932)

greifen.

Weitaus wichtiger sind die üblicherweise durch einen Sach- und einen Autorenindex erschlossenen Bibliographien des Zeitschrifteninhalts. Das Standardwerk ist die

---

[*] Manche Bundesländer erstellen auch Landesverzeichnisse, so z. B. das *Hessische Zeitschriftenverzeichnis* auf Microfiches.

*Internationale Bibliographie der Zeitschriftenliteratur (IBZ),*

die oft auch als *Dietrich* zitiert wird. Ursprünglich erschienen drei getrennte Reihen:

*A Bibliographie der deutschen Zeitschriftenliteratur mit Einschluß von Sammelwerken,* Bd. 1-128, 1897-1964.

*B Bibliographie der fremdsprachigen Zeitschriftenliteratur,* Bd. 1-22, 1911-1921/25; Neue Folge, Bd. 1-51, 1925-1964.

Beide Reihen erscheinen seit 1965 halbjährlich unter dem Titel

*Internationale Bibliographie der Zeitschriftenliteratur aus allen Gebieten des Wissens.*

Die Reihe

*C Bibliographie der Rezensionen und Referate,* Bd. 1-77, 1900-1943,

wird seit 1971 als selbständige

*Internationale Bibliographie der Rezensionen wissenschaftlicher Literatur* herausgegeben.

Jede Halbjahreslieferung umfaßt mittlerweile sechs Bände. Unter thematischen Gesichtspunkten werden im *Index Rerum* (Sachindex) die Aufsätze verschiedenen Stichworten (mit Querverweisen) zugeordnet. Anstelle des Zeitschriftentitels steht eine Nummer, der entsprechende Schlüssel befindet sich im *Index Periodicorum* (Zeitschriftenverzeichnis). Ein *Index Auctorum* (Autorenverzeichnis) verweist auf die Einträge im Sachindex. Obwohl es sich um die vollständigste Bibliographie dieser Art handelt, muß erwähnt werden, daß sie weder vollständig ist noch die Titel eines Berichtzeitraumes im gleichen Band verzeichnet; vielmehr können Aufsätze aus dem gleichen Monat, aber aus verschiedenen Zeitschriften, über die Halbjahresbände mehrerer Jahre hinweg verstreut angeführt sein. Bisweilen ändern sich die Stichworte.

## 9. 8. Kongreß- und Festschriften

Über die wichtigsten Bibliographien der Kongreßschriften informieren die genannten Werke von Allischewski und Totok/Weitzel hinreichend. Auch der Inhalt vieler Kongreßschriften ist bibliographisch erschlossen. Es gibt einen *Conference Papers Index (CPI)* (seit 1973), eine ISI-Kongreßschriften-Inhaltserschließung in zwei Reihen - von Interesse ist der *ISSHP: Index to Social Sciences and Humanities Proceedings* (seit 1979). Die meisten Kongreßschriften erscheinen mit einem gewissen Zeitverzug auch im Buchhandel und finden Eingang in die herkömmlichen National- und Fachbibliographien.

Für die Festschriften gibt es ebenfalls eine eigene bibliographische Reihe. Festschriften als Publikationsform sind übrigens im 19. Jahrhundert in Deutschland entstanden; im Englischen ist das Wort direkt als Fremdwort übernommen worden. In Festschriften wird ein bedeutender Wissenschaftler anläßlich eines Geburtstages, Dienstjubiläums oder seines Todes von Kollegen, Mitarbeitern und Schülern mit verschiedenen Beiträgen geehrt. Über die Festschriften seit dem 19. Jahrhundert bis 1979 informiert

Otto Leistner: *Internationale Bibliographie der Festschriften von den Anfängen bis 1979: mit Sachregister,* Osnabrück: Biblio-Verlag, 1984, 3 Bde.

Der dritte Band enthält ein Sachregister sowie Nachträge zu Band 1 und 2. Es handelt sich um die erweiterte Form der ersten Auflage von 1976, die damals noch in einem Band die Festschriften von ca. 1850-1974 verzeichnete (Otto Leistner: *Internationale Bibliographie der Festschriften: mit Sachregister,* Osnabrück: Biblio-Verlag, 1976). Beide Ausgaben werden auch kurz als *IBF* bezeichnet.

Seit 1980 veröffentlicht die Verlagsgruppe Zeller, welche unter anderem auch die *IBZ* und die *IBR* herausgibt, eine jährliche Fortsetzung, die *IJBF:*

*Internationale Jahresbibliographie der Festschriften: mit Verzeichnis aller Beiträge, einem Autorenregister und einem Sachregister zu den Festschriften*, Osnabrück: Biblio-Verlag, 1982.

Im Vorwort des ersten Bandes wird darauf hingewiesen, daß sich Verschiebungen von Titelaufnahmen über den eigentlichen Berichtzeitraum hinaus - ähnlich wie in den anderen beiden Bibliographien der Verlagsgruppe - nicht vermeiden lassen. 1980 erschien ein Band, 1981 bereits zwei Bände; seit 1983 erscheint die *IJBF* in jährlich drei Bänden.

Die größten Bibliothekskataloge für Festschriften sind die beiden folgenden Bände:

The New York Public Library; The Research Libraries: *Guide to Festschriften: The Retrospective Festschriften Collection of The New York Public Library: Materials Cataloged Through 1971*, Volume 1, Boston (Massachusetts): Hall & Co, 1977;

The New York Public Library; The Research Libraries; The Library of Congress: *Guide to Festschriften: A Dictionary Catalog of Festschriften in the New York Public Library (1972-1976) and the Library of Congress (1968-1976)*, Volume 2, Boston (Massachusetts): Hall & Co, 1977.

(Beide Bände sind übrigens in vorbildlicher Weise - anders als die meisten anderen Bibliographien - auf beständiges, säurefreies Papier gedruckt.)

## 9. 9. Zeitungsbibliographien

Mit dem zunehmenden Gewicht der Massenmedien gewinnt die Zeitungsberichterstattung für die sportsoziologische Untersuchung immer mehr an Bedeutung. Wünschenswert wäre auch neben einer nationalen Videothek eine nationale Bibliographie des Inhalts aller Fernsehsendungen - in Verbindung mit *abstracts* in Jahreskumulationen -, welche voraussichtlich in absehbarer Zeit nicht zustande kommen dürfte. Es gibt allerdings bereits sportspezifische Dokumentationen über «Audiovisuelle Informationsträger»; über die aktuellen Verzeichnisse informiert man sich am besten mittels einer Fachbibliographie.

Erst ab 1974 steht mit dem *Zeitungsindex* eine Bibliographie des Zeitungsinhalts zur Verfügung. Es handelt sich um eine Auswahlbibliographie, welche die wichtigsten Artikel aus ca. 20 überregionalen Tages- und Wochenzeitungen unter verschiedenen Schlagworten vierteljährlich verzeichnet. Es fehlen allerdings wichtige Zeitungen wie z. B. die *Frankfurter Rundschau*. Buchrezensionen in Zeitungen werden separat in jährlich erscheinenden Beiheften aufgelistet. Es werden in der Regel nur solche Artikel aufgenommen, die namentlich (d. h. auch mit Namenskürzel) gekennzeichnet sind und über den Umfang einer reinen Nachrichtenmeldung hinausgehen. Obwohl nicht vollständig, ist der *Zeitungsindex* doch ein nahezu unentbehrliches Arbeitshilfsmittel für den Sportsoziologen; nachteilhaft bleibt, daß die Lieferungen immer mit erheblichem Verzug erscheinen.

Auch für das englischsprachige Ausland gibt es ähnliche Verzeichnisse, über die man sich mit einer Bibliographie der Bibliographien im Bedarfsfall informieren kann.

Zeitungsmeldungen wird man im Regelfall als Quellenmaterial für zeitgeschichtliche Studien benötigen. Manche Zeitungen im In- und Ausland verfügen über ein eigenes Archiv und versenden gegen nicht allzuhohe Kosten Kopien der gewünschten Artikel. Relativ gut aufgebaut ist das Archiv der *Frankfurter Allgemeinen Zeitung (FAZ),* in dem auch die Berichterstattung anderer Tageszeitungen teilweise protokolliert wird.

Für sportsoziologische Arbeiten sollte man auch nicht vergessen, das Nachrichtenmagazin *Der Spiegel* einzubeziehen. Es wird zwar teilweise im Zeitungsindex erfaßt, doch ist eine Benutzung der in jeder größeren Universitätsbibliothek vorhandenen Index-Bände der Spiegel-Redaktion grundsätzlich vorzuziehen.

## 10. Computerrecherchen

Die Computertechnologie beginnt allmählich, in manchen Bereichen die Art der wissenschaftlichen Publikationen strukturell zu verändern. Dies trifft ebenfalls auf die bibliographische Erschließung zu.

Selbst in Verzeichnissen, die sowohl gedruckt als auch elektronisch gespeichert vorliegen, kann man durch entsprechende Suchverknüpfungen und Selektiervorgänge mit Hilfe des Computers Ergebnisse erzielen, die ansonsten kaum den Aufwand an Sucharbeit gelohnt hätten. So ist es z. B. möglich, in einer größeren Datenbank alle Titel zu einem bestimmten Themenkreis, die zwischen 1978 und 1982 erschienen sind, herauszuselektieren. Allein die kostenlos zugängliche CD-Rom *VLB* erlaubt etwa die Anzeige aller zur Zeit lieferbaren Bücher zu einem bestimmten Thema mit einem genau umrissenen Erscheinungszeitraum. In Zukunft werden zudem Volltextdatenbanken auch die Recherche in den Werken selbst ermöglichen. Die elektronische Publikation ist in Nordamerika und vereinzelt auch in Europa bereits eingeführt - in kleinen Fachkreisen können Bücher auf Diskette versandt und vom Empfänger direkt ausgedruckt werden, ohne daß bisher eine Bibliographie der nur elektronisch verbreiteten wissenschaftlichen Fachliteratur existierte.

Dennoch muß man klar sehen, daß für den Sportwissenschaftler nach wie vor die gedruckten Verzeichnisse maßgeblich sind; hervorragende Datenbanken, wie sie für Naturwissenschaftler oder Juristen bereits weltweit eingerichtet wurden, sind für Sportwissenschaftler noch nicht vorhanden. Man kann die Literaturrecherche per Rechner aber als Möglichkeit nutzen, seine eigenen Nachforschungen zu überprüfen oder gegebenenfalls zu ergänzen; keineswegs sollte man von ihr ausgehen oder sich auf sie verlassen. Einen guten Überblick gibt das Schlußkapitel «Online-Recherche in Datenbanken» in dem Bibliographienführer von Helmut Allischewski (siehe S. 36).

## 11. Anmerkungen zum Fernleihsystem

Das Fernleihsystem hat in jeder Universitätsbibliothek andere Voraussetzungen. So müssen beispielsweise in der Frankfurter Stadt- und Universitätsbibliothek drei Bibliotheksangestellte aufgrund eines schlechten Personalschlüssels Berge von Fernleihen bearbeiten - was zu erheblichen Verzögerungen führen kann -, während die Benutzer der «Stabi» in Berlin ihrer Fernleihscheine größtenteils selbst bearbeiten dürfen.

Grundsätzlich ist folgendes zu beachten, wenn man seine Fernleihe möglichst zügig bearbeitet sehen will:

Man muß auf dem Fernleihschein eine Zeitbegrenzung eintragen. Unterläßt man dies, so bekommt der Schein unter Umständen einen Stempel, daß die Fernleihe innerhalb von drei Monaten zu erledigen sei, was bedeuten kann, daß der Suchlauf erst nach Wochen wirklich beginnt.

Die bibliographische Angabe sollte so exakt wie möglich sein. Jeder Titel muß bibliographisch nachweisbar oder bereits nachgewiesen sein, sonst verläßt der Fernleihschein nicht die jeweilige Bibliothek. Es ist deshalb immer zu empfehlen, die eigene Quelle oder eine Bibliographie auf dem Fernleihschein mit zu vermerken. Zunächst wird üblicherweise im eigenen Bundesland gesucht; da die Landeszentralregister für die neueren Titel nach ISBN-Nummern angelegt sind, wird für neuere Bücher unbedingt die Angabe der ISBN-Nummer gebraucht. Schreibt man diese nicht auf seinen Schein, so muß sie unter Umständen erst von dem

Bibliothekspersonal recherchiert werden. Dies kostet Zeit und verzögert die Absendung der Fernleihe.

Bei Zeitschriften- oder Buchaufsätzen sollte man nach Möglichkeit die genaue Seitenangabe nicht vergessen und nach Möglichkeit auf dem Schein vermerken, daß man im Falle einer Kopie gleichfalls eine Kopie der Titelseite und des Inhaltsverzeichnisses (für eine korrekte bibliographische Aufnahme in das eigene Literaturverzeichnis) wünscht. Man kann sich selbst die Mühe machen, den Zeitschriftentitel in der *Zeitschriften-Datenbank (ZDB)* nachzuschlagen und die jeweiligen Standorte auf dem Schein anzugeben; wird die Zeitschrift nicht verzeichnet, so sollte man persönlich mit dem Bibliothekspersonal sprechen und anfragen, ob sich eine Auslandsfernleihe in diesem Fall lohnt.

Oft werden bibliographisch nachweisbare, aber in Bibliothekskatalogen nicht erfaßte Fernleihen an das jeweilige Sondersammelgebiet geschickt und von dort aus, falls das Buch oder die Zeitschrift nicht vorhanden ist, direkt an die Ausgangsbibliothek zurückgeleitet, welche dem Benutzer mitteilt, daß die Fernleihe erfolglos verlaufen sei. Im Falle von Büchern kann man allerdings einen kostenlosen Umlauf durch alle Zentralregister beantragen; dies sollte man bereits beim ersten Aufgeben der Fernleihe auf dem Schein deutlich vermerken.

Eine Auslandsfernleihe kommt teuer; man sollte sich vorher genau überlegen, ob es nicht andere, evtl. billigere

Wege gibt, an das jeweilige Buch zu kommen. So sind Bücher aus dem deutschsprachigen Ausland oft in der Deutschen Bibliothek in Frankfurt vorhanden und können dort eingesehen oder kopiert werden. Außerdem gibt es viele Bibliotheken, die nicht an das Fernleihsystem angeschlossen sind, vielleicht aber auf das gerade bearbeitete Fachgebiet spezialisiert sind und das gesuchte Buch im Magazin haben. Die Bibliothekare der Universitätsbibliotheken verfügen meistens über entsprechende Verzeichnisse, und ein kurzer Anruf kann unter Umständen Geld und Zeit sparen.

Die meisten sportwissenschaftlichen Bücher dürften grundsätzlich in Köln vorhanden sein. Sucht man Literatur aus anderen Fachgebieten, zu denen sich Überschneidungen ergeben, so sollte man sich zuerst an die jeweiligen Sondersammelgebiete wenden, über deren Verteilung man sich am besten in der örtlichen Universitätsbibliothek informiert. Erfolgreich kann eine Suche unter Umständen auch in kleineren Bibliotheken größerer Bibliothekszentren werden. Die quantitativ größten Bücherbestände in der Bundesrepublik verzeichnet Frankfurt am Main, gefolgt von München. Die Stadt- und Universitätsbibliothek Frankfurt gibt ein kostenloses Verzeichnis der wissenschaftlichen Bibliotheken im Stadtgebiet heraus ($^4$1988), das 267 Institute mit Öffnungszeiten und Telephonnummern über ein Stichwortregister erschließt.

## 12. Schlußbemerkungen

Es erfordert anfangs einige Übung und Geduld, für jedes Thema die geeignete Literaturrecherche durchzuführen. Folgende Grundsätze können zur Orientierung dienen:

- Der Umfang einer Seminararbeit oder einer sonstigen schriftlichen Ausarbeitung während des Studiums bleibt notwendig begrenzt und kann in den seltensten Fällen auf die gesamte vorhandene Literatur eingehen. Es empfiehlt sich daher, mit dem jeweiligen Hochschullehrer genaue Absprachen bezüglich der Literaturauswahl zu treffen und den Suchaufwand nicht zu übertreiben.

- Für eine Examensarbeit (Magister- oder Diplomarbeit) sollte zumindest die entsprechende deutsche Literatur nahezu lückenlos erfaßt und aufgearbeitet werden. Günstig ist es, wenn man vor der offiziellen Anmeldung zur Prüfung die Literaturrecherche bereits beginnen und die ersten Fernleihen aufgeben kann; die Ausarbeitung der Examensarbeit muß zumeist in sechs bis neun Monaten erfolgen, die man vor allem für die Lektüre der Literatur und das Verfassen des eigenen Textes nutzen sollte.

- Eine Dissertation setzt eine gründliche Kenntnis und Durchdringung des jeweiligen Fach- und Themengebietes voraus; hierzu gehört unbedingt eine vollständige Auseinandersetzung mit der zum Thema gehörigen englisch- und deutschsprachigen Sekundärliteratur. Falls Lesekenntnisse in Französisch und Italienisch vorhanden sind, so kann auch ein Einbezug des in diesen Sprachen verfaßten Schrifttums lohnen.

In der Regel sieht man sich zwei verschiedenen Suchanforderungen gegenüber:

- Man bekommt ein Thema gestellt und soll hierzu in Auswahl oder vollständig die vorhandene Literatur - über einen bestimmten Zeitraum oder insgesamt - bibliographieren.

- Der Verfasser eines Aufsatzes oder Buches zitiert einen Titel, den man gerne einsehen möchte. Die Angabe ist aber ungenau, entstellt oder falsch; um den Titel entweder in der örtlichen Universitätsbibliothek oder über die Fernleihe auszuleihen, muß man ihn erst mit Hilfe einer Bibliographie genau lokalisieren.

In beiden Fällen bieten die in dem vorliegenden Bändchen angeführten Bibliographien gute Einstiegsmöglichkeiten, die für die meisten Fälle durchaus ausreichen dürften. Ansonsten gibt es natürlich Hunderte von Fachbibliographien zu sportwissenschaftlichen Themenstellungen, welche man mittels der hier angegebenen Bibliographien der Bibliographien bzw. Fachbibliographien leicht ausfindig machen kann. Es versteht sich von selbst, daß bei der Bearbeitung eines bestimmten Themas über einen längeren Zeitraum hinweg die regelmäßige bibliographische Erfassung eventuell neu erschienenen Materials vorgenommen werden muß.

Mag dem Anfänger auch vieles noch wie ein unnötiges Glasperlenspiel vorkommen; er wird es in der Zeit seines ersten Examens nicht bereuen, sich möglichst frühzeitig und intensiv mit wissenschaftlicher Methodik und Vorgehensweise auseinandergesetzt zu haben.